SOCIÉTÉ DE CONSTANTINE

POUR SECOURS
AUX VICTIMES DE L'INVASION

RAPPORT

DE

LA COMMISSION D'EXÉCUTION

> Il est formé, entre les soussignés, dans un esprit purement patriotique et d'humanité, une Société civile particulière *dont les bénéfices ne leur profiteront en aucun cas,* mais seront entièrement destinés aux populations malheureuses de la France, auxquelles ils seront *gratuitement* remis comme il sera expliqué plus bas.
>
> *(Art. 1er des Statuts de la Société.)*

CONSTANTINE

IMPRIMERIE ET LIBRAIRIE L. ARNOLET, RUE DU PALAIS, N° 4

1872

SOCIÉTÉ DE CONSTANTINE

POUR SECOURS

AUX VICTIMES DE L'INVASION

RAPPORT

DE

LA COMMISSION D'EXÉCUTION

> Il est formé, entre les soussignés, dans un esprit purement patriotique et d'humanité, une Société civile particulière *dont les bénéfices ne leur profiteront en aucun cas*, mais seront entièrement destinés aux populations malheureuses de la France, auxquelles ils seront *gratuitement* remis comme il sera expliqué plus bas.
>
> *(Art. 1er des Statuts de la Société.)*

CONSTANTINE

IMPRIMERIE ET LIBRAIRIE L. ARNOLET, RUE DU PALAIS, N° 4

1872

CONSEIL D'ADMINISTRATION

NOMMÉ EN ASSEMBLÉE GÉNÉRALE DU 21 NOVEMBRE 1870

PRÉSIDENT :   M. BARNOIN ✳, ancien Vice-Président de la Chambre d'agriculture, ancien Président de la Chambre de commerce, ancien Membre du Conseil général;

VICE-PRÉSIDENT : M. LAVIE (PIERRE), Négociant, Président du Tribunal de commerce;

SECRÉTAIRE :   M. BONIFFAY, Conseiller municipal, Juge au Tribunal de commerce, Membre de la Chambre de commerce;

TRÉSORIER :   M. TRUC, Conseiller municipal, Juge au Tribunal de commerce;

MEMBRES :   M. CARRUS, Négociant, Minotier;

M. DABADIE, Négociant, Conseiller municipal, Juge au Tribunal de commerce;

M. AOUIZERAT (MOUCHI), Négociant;

M. STORA (ISRAEL), Négociant, Conseiller municipal, Membre de la Chambre de commerce;

M. HAMOUDA-BEN-CHEIKH, Propriétaire;

M. ALI-BEN-MOHAMMED-EL-AMOUCHI, Négociant, Membre de la Chambre de commerce;

M. HADJ-EL-MEKKI-BEN-ZAGOUTHA, Propriétaire.

DÉLÉGUÉ DE L'ADMINISTRATION CIVILE

M. CAHN, Inspecteur du Cadastre.

DÉLÉGUÉ DE L'ADMINISTRATION MILITAIRE

M. le Lieutenant-Colonel ADELER, Chef du Bureau arabe politique.

COMMISSION D'EXÉCUTION

NOMMÉE EN ASSEMBLÉE GÉNÉRALE DU 20 JUIN 1872

Président honoraire : M. BARNOIN ✳, déjà Président du Conseil d'administration.

Président :
M. De COULANGES, Inspecteur du Crédit foncier de France, Chef du service de la province, ancien Président de la Commission de colonisation et d'immigration;

Vice-Président :
M. BATTANDIER ✳, Banquier, ancien Maire de Constantine et ancien Président du Tribunal de commerce;

Secrétaire :
M. VILLA (Léon), Négociant, Membre du Conseil municipal, ancien Conseiller général;

Membres :
M. BONIFFAY, déjà Membre du Conseil d'administration;

M. CARBONNEL, Propriétaire et Négociant;

M. LAHITEAU, Entrepreneur, Membre du Conseil municipal;

M. J. LUC, Avocat, premier Adjoint au Maire;

M. RANCOULE, Entrepreneur, Propriétaire.

RAPPORT

DE

LA COMMISSION D'EXÉCUTION

Constantine, le   décembre 1872.

Au mois de novembre 1870, quelques habitants de Constantine, émus des malheurs qui frappaient la France et des misères qui en seraient la conséquence, formèrent une Société destinée à venir en aide aux populations éprouvées par la guerre.

L'acte de société déposé chez Me CHAMBIGE, notaire, le 1er décembre 1870, et qui sera reproduit *in extenso* à la fin de ce rapport, portait ce qui suit sous l'article 1er :

ARTICLE PREMIER. — *Il est formé, entre les soussignés, dans un esprit purement patriotique et d'humanité, une Société civile particulière, dont les bénéfices ne leur profiteront en aucun cas, mais sont entièrement destinés aux populations malheureuses de la France, auxquelles ils seront gratuitement remis, comme il sera expliqué plus bas.*

Ainsi, d'après les Statuts régissant leur Société, les Souscripteurs ne pouvaient jamais tirer profit de l'opération ; des semences étaient confiées aux cultivateurs européens ou indigènes qui voulaient bien adhérer à la Société, et qui alors lui donnaient une légère partie de leur récolte; en cas de pertes, ces pertes devaient être supportées au marc le franc par les Sociétaires ; en cas de bénéfices, la totalité devait en être employée à une œuvre patriotique.

Malgré l'insurrection des indigènes qui lui amena quelques pertes, et la baisse survenue dans les prix des grains, le bénéfice net assuré peut dès à présent être évalué devoir s'élever de 190,000 à 200,000 francs.

Lors de l'Assemblée générale du 20 juin dernier, il fut décidé que ce bénéfice serait employé à la création de villages en Algérie ; faciliter l'installation des colons était, en effet, venir en aide aux populations éprouvées par la guerre.

Une commission composée de MM. DE COULANGES, BATTANDIER, VILLA, CARBONNEL, LAHITEAU, LUC et RANCOULE, fut alors chargée de mettre ce projet à exécution, étudier les voies et moyens, choisir les terres et présenter enfin un projet complet.

Après avoir composé son Bureau, ainsi qu'il est dit en tête du présent rapport, la Commission d'exécution s'adjoignit, comme Président honoraire, M. BARNOIN, déjà Président du Conseil d'administration, et comme Membre, M. BONIFFAY, qui en était le secrétaire ; tous deux voulurent bien donner leur concours à la Commission.

Immédiatement la Commission d'exécution se mit à l'œuvre et, conformément aux avis émis lors de l'assemblée générale, elle décida que, pour la création des villages projetés, des maisons seraient édifiées par la Société qui les céderait au prix de revient aux colons, lesquels se libéreraient, à long terme, au moyen d'annuités dont la première ne serait exigible qu'après la deuxième récolte, de manière à laisser au colon toute la facilité nécessaire pour compléter son installation.

Les annuités devaient au fur et à mesure de leur rentrée être employées à la construction d'autres maisons pour installer d'autres colons ; il devait être demandé un intérêt de quatre pour cent, afin qu'en cas de maladie, grêle ou autre fléau, un colon malheureux pût, jusqu'à un certain point, être aidé par la Société sans que son capital fût détourné de sa destination primitive ; la Société pouvait ainsi fournir au besoin un peu de bétail aux colons et établir un ou plusieurs prix d'encouragement pour ceux d'entre eux ayant le mieux installé leurs fermes; enfin, considérant que fournir les maisons aux colons c'était leur donner un grand aide, mais qu'exiger d'eux un apport même minime était assurer leur stabilité, la Société avait pensé ne devoir choisir pour colons que des gens aptes à la culture et possédant un petit capital indispensable pour une première installation.

Après avoir arrêté son projet, la Commission d'exécution écrivit le 20 juillet dernier à M. le Gouverneur général civil de l'Algérie, la lettre ci-après (1), pour le prier de mettre à la disposition de la Société l'azel d'Aïn-Tinn, situé près de Milah et d'une superficie de 2,900 hectares.

Constantine, le 20 juillet 1872.

A Monsieur l'Amiral, comte de Gueydon, Gouverneur général de l'Algérie.

Monsieur le Gouverneur général,

Lors de sa réunion du 20 juin dernier, l'assemblée générale des actionnaires (2) de la Société du département de Constantine pour secours aux victimes de l'invasion, a décidé que les bénéfices provenant de l'opération seraient employés à la création d'un village, et immédiatement une Commission d'exécution fut nommée pour étudier le mode à adopter et se mettre en rapport avec l'autorité pour l'obtention du concours nécessaire.

Plusieurs des membres de cette Commission ont eu l'honneur d'être appelés aux réunions qui, lors de votre voyage à Constantine, ont eu lieu sous votre présidence et où vous avez bien voulu, Monsieur le Gouverneur général, exposer vos projets de colonisation ; dans un rapport, vous signaliez la nécessité de venir en aide aux colons n'ayant pas les ressources nécessaires pour compléter leur installation, et vous proposiez la création, dans chaque centre, d'une société devant aider à installer les nouveaux arrivants dans les terrains voisins de ce centre.

C'est, bien pénétrée de ces idées, et suivant en cela le programme qui lui avait été tracé par l'assemblée des sociétaires du 20 juin, que la Commission que je représente ici se mit à l'œuvre.

J'ai l'honneur, Monsieur le Gouverneur général, de vous présenter, en son nom, le projet que nous vous prions de vouloir bien nous permettre de mettre à exécution sur l'azel d'Aïn-Tinn.

Disposant d'un capital dès à présent assuré d'environ 150,000 fr., et pouvant même

---

(1) Il n'est pas hors de propos de faire remarquer ici que, prévoyant certaines objections et les difficultés qui devaient vous être faites, la Commission crut devoir, dans cette lettre, entrer dans de longs détails pour prévenir les idées préconçues et bien établir que la Société, ne devant tirer aucun bénéfice de l'opération, ne pouvait jamais devenir propriétaire.

(2) Le mot actionnaire a été employé ici d'une manière impropre, la Société étant composée, non pas d'actionnaires, mais de simples souscripteurs n'ayant aucun droit sur les bénéfices.

2

s'élever plus haut, grâce à certaines rentrées sur lesquelles on peut encore compter, la Société bâtirait de suite trente maisons sur un modèle uniforme et comprenant trois chambres avec écurie et cour close derrière.

Les maisons coûteraient environ 4,500 fr., et leur construction serait mise en adjudication, afin d'obtenir un rabais s'il est possible.

Les terres alloties par les soins de la Société avec le concours des agents de l'administration, seraient remises au titre II par l'administration elle-même, aux colons agréés par elle, mais présentés par la Société.

Les maisons seraient vendues par la Société au prix de revient, aux colons qui s'en libéreraient au moyen de quinze annuités de 9 p. % par an, comprenant l'intérêt à 4 p. % seulement et la somme nécessaire pour éteindre la dette dans les quinze années.

Afin de laisser au colon tout le temps nécessaire pour se retourner, la première annuité ne serait payée qu'après sa deuxième récolte; ainsi l'extinction de la dette s'opérerait par le fait en seize années.

Malgré ce délai, le colon aurait le droit de se libérer par anticipation en totalité ou même par à-comptes, et dans la pensée de pousser les colons dans la voie de la libération anticipée afin de reconstituer plus vite son capital pour refaire les nouvelles constructions dont il va être parlé, la Société arriverait peut-être à offrir certains avantages à ceux qui useraient de cette faculté; l'intérêt, minime il est vrai, qui leur est demandé, servirait en partie à établir une combinaison pour cela.

Au fur et à mesure de la rentrée de ces annuités ou des remboursements anticipés, la Société emploierait les sommes ainsi reçues à construire de nouvelles maisons pour agrandir le village et achever de peupler l'azel; une fois cet azel complétement utilisé, la Société bâtirait des maisons sur d'autres points.

La Société prendrait avec ses débiteurs tels arrangements que les lois et la jurisprudence rendraient nécessaires pour assurer le remboursement de sa créance; mais ne pouvant devenir propriétaire, elle rentrerait dans le droit commun, et en cas de vente de l'immeuble avant l'expiration des deux années fixées par l'art. 10 du décret du 16 octobre dernier, la vente s'opérerait conformément à l'art. 11 du même décret.

Dans le cas où alors il ne se présenterait pas d'adjudicataire pour la somme due, la Société pourrait reprendre possession de ses constructions, mais elle serait tenue, sous peine de déchéance, de pourvoir, dans les six mois au plus, au remplacement du colon évincé, en présentant à l'administration un autre colon qui serait mis en possession par cette dernière, des terres dépendant de ce lot, toujours au même titre que le colon dépossédé.

En tous cas que la dépossession ait lieu à la requête de l'Etat pour défaut d'exécution des conditions, ou à la requête de la Société pour défaut de paiement de l'annuité, cette dernière ne devant jamais tirer profit de l'opération, la différence qui existerait entre la somme due à la Société et le prix obtenu, reviendrait en entier au colon dépossédé ou à ses ayants-droit.

Telles sont, Monsieur le Gouverneur général, les bases principales du projet; si vous

voulez bien nous autoriser à l'exécuter et mettre pour cela à notre disposition l'azel
d'Aïn-Tinn, nous nous mettrons de suite à l'œuvre; nous nous entendrons avec l'administration pour l'allotissement ainsi que pour les questions de détail, telles que fixation
de communal ou travaux incombant à l'État, et nous ferons bâtir les trente premières
maisons dans le plus bref délai, de manière à ce que, s'il est possible, les colons puissent y être installés pour l'automne prochain.

Nous espérons être en mesure pour ce moment; mais pour le cas où, par suite du
délai fort court que nous avons devant nous, cette installation ne pourrait être complète pour l'automne, nous demanderions qu'il nous fût accordé jusqu'au 1er octobre
suivant, avec réserve, pour l'État, de reprendre la libre disposition des portions qui
alors ne seraient pas peuplées par nous; cette réserve, nous ne la redoutons pas, car
le succès de l'entreprise ne fait pas doute pour nous; mais par contre, nous demanderions qu'en cas de peuplement dans le délai ci-dessus d'au moins trente maisons et
des lots qui y seraient attachés, les portions de l'azel qui seraient encore susceptibles
de recevoir des colons fussent réservées aux nouveaux colons pour lesquels la Société
bâtirait des maisons au fur et à mesure de ses rentrées, et qui seraient installés par
l'administration, de la même manière que les autres.

Si vous voulez bien, Monsieur le Gouverneur général, prendre notre demande en
considération, nous nous mettons tout à votre disposition pour recevoir les observations qui nous seraient faites et vous donner toutes explications que vous jugeriez
nécessaires; et je puis vous assurer, Monsieur le Gouverneur général, qu'animée du
désir de faire bien et sans arrière-pensée d'un profit que lui interdit la nature même
de sa constitution, la Société mettra tous ses efforts pour aider les colons d'une manière efficace.

J'ai l'honneur d'être, Monsieur le Gouverneur général, avec un profond respect,
votre très-humble et bien dévoué serviteur,

Le Président de la Commission,

F. DE COULANGES.

P. S. — Veuillez me permettre, Monsieur le Gouverneur général, d'ajouter ici quelques mots pour répondre aux objections qui pourraient nous être faites; quelques journaux ont déjà parlé de notre projet, mais mal renseignés, ils ont répandu des erreurs
qui étaient inévitables, puisque leurs renseignements n'avaient pas été puisés à une
source certaine.

1° Il a été dit que notre Société allait accaparer les terres sur lesquelles seraient
bâties ses maisons; il suffit de lire le projet ci-dessus analysé pour se rendre compte
que ce danger n'est pas possible; en effet, notre Société qui n'a pas d'actionnaires
pouvant lui demander des dividendes, et qui n'a pas de capital à rembourser, n'a pas
d'intérêt à posséder; si elle devenait propriétaire d'immeubles, ce serait pour elle un
embarras sans profit pour personne, puisqu'elle ne saurait à qui distribuer ses béné-

fices ; les fonctions de ses administrateurs sont entièrement gratuites ; il est donc inutile de s'étendre plus longuement sur cette question ;

2º En demandant de choisir ses colons, sauf bien entendu à les faire agréer par l'administration, et en désirant être chargée spécialement du peuplement de l'azel d'Aïn-Tinn, la Société n'obéit pas à un sentiment d'amour-propre; elle est guidée par une pensée plus élevée; elle désire servir de type, persuadée qu'elle est que, si son village réussit, et tout le possible aura été fait pour cela, il se créera, peut-être dans un temps rapproché, d'autres sociétés qui procéderont comme nous l'aurons fait ; alors les colons trouveront sur différents points l'aide qui leur est nécessaire, et la question du peuplement et de la colonisation aura fait un grand pas ;

3º Il a été demandé à la Société si, au lieu de bâtir pour les colons une maison de quatre à cinq mille francs, elle ne ferait pas mieux de ne leur bâtir qu'un gourbi et de leur avancer le cheptel ; à cela, nous répondrons que, désirant faire une œuvre durable, la Société a préféré donner de suite au colon une maison saine et bien bâtie au lieu d'un gourbi qui, malgré tous les soins qu'on peut apporter à sa construction, n'offre pas les mêmes conditions d'hygiène et de durée, et que le colon doit forcément abandonner dans un temps donné comme cela est toujours arrivé partout; il n'est pas hors de propos de rappeler ici qu'une habitation saine, présentant toutes les conditions hygiéniques, met le nouveau colon à l'abri des fièvres qui lui rendraient le travail impossible ; une vieille expérience du pays et de son climat nous permet d'affirmer que la salubrité de l'habitation est une des conditions les plus importantes de réussite pour l'immigrant européen.

Quant à la question du cheptel, la Société a pensé que si elle mettait une maison à la disposition du colon, elle devait exiger de lui un apport, fort minime il est vrai, mais employé par lui à l'acquisition de son cheptel ; c'est tout au moins une garantie de stabilité nécessaire dans ce pays plus que dans tout autre ; il n'est pas dit pour cela que la Société s'interdit expressément d'aider les colons de cette manière ; dans certains cas, elle pourra être la première à offrir ses services à des colons qui auront fait leurs preuves et qui lui offriront des conditions désirables de stabilité, ou bien encore qu'un malheur sera venu frapper ; mais il faut que ce ne soit pas une obligation pour elle et qu'elle puisse se rendre juge des cas où elle pourra le faire ; la Société se propose même d'accorder des primes d'encouragement aux plus méritants et pourra, dans certain cas, affecter quelques sommes à des travaux d'amélioration et d'intérêt général ;

4º Il a été dit que l'annuité à payer par les colons était onéreuse pour eux ; à cela nous répondrons d'abord que la première annuité n'est payable qu'après la deuxième récolte, c'est-à-dire la deuxième année de jouissance, et nous ajouterons ceci : les terres des Européens, surtout lorsqu'il y a une maison, se louent toujours au moins 10 fr. l'hectare ; en supposant pour un colon une moyenne d'environ cinquante hectares, sa propriété représente pour un simple locataire un loyer de 500 fr., tandis qu'en payant chaque année à la Société une somme de 400 à 450 fr. seulement pendant un certain temps, dont il fixe lui-même la durée, il devient propriétaire d'une maison qui lui reviendrait beaucoup plus cher s'il la faisait construire lui-même et individuellement ; l'offre que nous lui faisons présente donc tout avantage pour lui ;

5° Enfin il y a lieu de faire remarquer qu'en admettant même qu'avec ses ressources actuelles, la Société ne puisse dès à présent bâtir que trente maisons, et elle espère faire plus, elle doit, si elle continue à suivre la voie ci-dessus, et avec ses seules ressources, avoir, au bout des seize années bâti au moins soixante-dix maisons, puisque les sommes qu'elle recevra des colons, soit à titre d'annuité, soit à titre de remboursements anticipés, doivent, au fur et à mesure des rentrées, être employées à l'édification d'autres maisons payables par annuités comme les premières; les ressources de la Société affectées à cet emploi augmenteront donc tous les ans.

On voudra bien observer que, d'après cette demande, la Société choisissait et présentait les colons à l'administration, qui les installait conformément au titre II du décret du 16 octobre 1871 ; ainsi, la Société employait tout son capital à la construction de maisons pour les colons et n'avait à supporter aucune des dépenses qui, lors de la création de centres de population, incombent ordinairement à l'État.

Lorsque cette demande fut remise, le **20** juillet dernier, à M. le Préfet de Constantine pour être transmise à M. le Gouverneur général avec son avis, M. le Préfet, dans la pensée d'éviter des conflits pouvant survenir par suite de travaux simultanément exécutés sur un même point, par l'administration et la Société, nous demanda si, dans le cas où l'attribution de l'azel serait faite d'une manière complète à la Société, cette dernière se chargerait de faire les frais de canalisation des eaux nécessaires au village et d'édification des bâtiments communaux pour le culte, la mairie et la maison d'école.

Cette proposition avait pour effet d'exonérer l'État d'une dépense importante (1); mais en échange de la charge qu'elle s'imposait, la Société avait plus de liberté d'allures et pouvait prendre des garanties plus sérieuses pour la rentrée de ses annuités; la Commission n'hésita donc pas à accepter cette proposition, et le même jour une deuxième lettre était remise à

---

(1) Cette dépense était évaluée à 103,000 fr. par le service des Ponts et Chaussées, mais la Société devant employer son capital à installer le plus grand nombre possible de colons et pensant que, pour des centres qui commencent, les bâtiments communaux n'ont pas besoin d'être édifiés d'une manière monumentale, ne devait dépenser pour cela que 40 à 45,000 fr.

M. le Préfet pour M. le Gouverneur général; cette lettre, qui devait être jointe à la première, était ainsi conçue :

Constantine, le 20 juillet 1872.

MONSIEUR LE GOUVERNEUR GÉNÉRAL,

La demande que j'ai l'honneur de vous adresser était déjà faite, lorsque M. le Préfet, dans une conversation que je viens d'avoir avec lui, m'a demandé si, dans le cas où l'administration nous attribuerait l'entière disposition de l'azel d'Aïn-Tinn, nous pourrions nous charger de faire face à tous les frais d'installation et de création du village, aménagement des eaux, édification des bâtiments communaux.

La Commission a été unanime à accepter cette manière de voir, et a décidé que, dans ce cas, elle ne demanderait à l'État que la construction de la route qui devra relier le village à Constantine.

Je n'ai pas besoin de vous répéter, Monsieur le Gouverneur général, que cette attribution ne serait faite à la Société qu'au titre II, puisque notre Société ne peut dans aucun cas posséder, et que la terre qu'elle sollicite doit être remise par elle aux colons au fur et à mesure que ses rentrées lui permettront de pourvoir à leur installation par la construction de nouvelles maisons.

J'ai l'honneur, etc.

Le Président de la Commission d'exécution,
F. DE COULANGES.

Cinq jours après, M. le Gouverneur général envoyait à M. le Préfet une dépêche ainsi conçue :

Mustapha, ie 25 juillet 1872.

Le Gouverneur à M. le Préfet, Constantine, n° 859.

Je viens de lire votre lettre du 22 juillet n° 186 et celle de M. de Coulanges, je n'entrevois aucune objection.

Je vais saisir le Conseil de gouvernement de la question, je statuerai ensuite; mais dès à présent je vous prie de dire à la *Société des ensemencements (1),* que j'applaudis à ses efforts et que son programme réalise mon idéal.

Le 14 août suivant, M. le Gouverneur général envoyait à M. le Préfet cette autre dépêche :

Alger, le 14 août 1872.

Le Gouverneur à M. le Préfet, Constantine.

C'est conformément à votre avis que le Conseil de gouvernement a adopté pour la création du village d'Aïn-Tinn, la proposition faite par M. de Coulanges, vivement appuyée par vous.

---

(1) Par abréviation, notre Société a souvent été appelée *Société des ensemencements.*

On remarquera que, dans cette deuxième dépêche, M. le Gouverneur général dit que le Conseil de gouvernement a adopté la proposition appuyée par M. le Préfet, or, nous croyons pouvoir affirmer que M. le Préfet avait surtout appuyé celle des propositions qui, mettant à la charge de la Société la canalisation des eaux et l'édification des bâtiments communaux, devait, par contre, lui faire avoir l'entière attribution de l'azel.

En effet, le 17 août 1872, M. le Préfet nous adressait la lettre suivante :

Constantine, le 17 août 1872.

MONSIEUR LE PRÉSIDENT,

J'ai l'honneur de vous confirmer officiellement et par écrit la communication verbale que je vous ai faite. M. le Gouverneur général met à votre disposition l'azel d'Aïn-Tinn. Vous pouvez dès aujourd'hui commencer les constructions des maisons destinées à être vendues par vous aux colons dans les conditions que vous avez indiquées à M. le Gouverneur général.

Vous vous chargez de la construction des établissements publics et des travaux nécessaires à l'installation du village.

L'État exécutera la route d'Aïn-Tinn.

Vous vous engagez à recevoir au moins vingt immigrants alsaciens-lorrains à la date du 15 octobre.

Dès que j'aurai reçu une lettre de M. le Gouverneur général, confirmant son télégramme, je vous transmettrai plus en détail les diverses conditions sur lesquelles d'ailleurs nous sommes d'accord.

Agréez, etc.

Le Préfet,

DESCLOZEAUX.

Pour éviter toute équivoque au sujet de la nouvelle obligation que nous imposait cette lettre, M. Battandier, vice-président de la commission, en l'absence du président, M. do Coulanges, en ce moment à Paris, répondait le 19 du même mois à M. le Préfet ce qui suit :

Constantine, le 19 août 1872.

MONSIEUR LE PRÉFET,

J'ai eu l'honneur de recevoir votre dépêche en date du 17 de ce mois (n° 230), par laquelle vous avez bien voulu m'annoncer officiellement que M. le Gouverneur général, adhérant à notre demande, met à notre disposition l'azel d'Aïn-Tinn, pour y créer un village de trente feux susceptible d'extension.

Une Sous-Commission de notre Société part, dès demain, pour étudier sur les lieux la meilleure installation de ce centre agricole; nous allons donc, sans aucun retard, commencer la construction des maisons que nous céderons aux colons, et nous pensons pouvoir pousser assez activement les travaux, afin que les colons puissent profiter de la prochaine saison des labours.

Les conditions de l'administration sont bien celles que sommairement vous relatez dans votre lettre; cependant, pour qu'il ne reste aucune équivoque entre vous et notre Société, je prends la liberté de vous faire remarquer, en ce qui concerne les vingt familles d'immigrants alsaciens-lorrains, que nous ne pourrons les recevoir que si elles présentent une certaine aptitude aux travaux agricoles, et, en outre, si elles possèdent des ressources suffisantes et indispensables à une première installation.

Si notre Société réussit dans l'œuvre qu'elle va entreprendre, elle n'oubliera pas, M. le Préfet, que c'est à votre appui qu'elle le devra ; et nous espérons que vous oudrez bien nous conserver votre bienveillante protection pour attacher votre nom à la solution du problème qui a paru jusqu'à ce jour si difficile, de la colonisation algérienne.

Veuillez agréer, etc.

Pour le Président absent :

L. BATTANDIER,

Vice-Président de la Commission d'exécution.

Mais déjà une difficulté avait surgi, pour ne pas dire un conflit; si la Commission avait consenti à mettre à la charge de la Société des dépenses qui ne lui incombaient pas et dont elle exonérait l'État, c'est qu'en échange de cette charge elle pensait, selon la deuxième des propositions du 20 juillet, obtenir pour la Société, sous réserve des garanties que l'État jugerait à propos de prendre vis-à-vis d'elle, une attribution complète qui lui eût donné toute sécurité pour la rentrée de ses annuités qui, nous le répétons, ne doivent en aucun cas former un profit pour ses membres (1), mais devaient être employées à la construction de nouvelles maisons pour l'agrandissement du premier village ou pour la création d'autres villages, une fois que le premier serait créé.

Sans dire que le genre d'attribution demandé par la Société était une juste compensation des charges que cette dernière s'imposait et qui autrement n'auraient pas eu leur raison d'être, on peut affirmer que c'était une nécessité commandée par les circonstances; sans cette attribu-

____

(1) *Voir* l'art 1er des statuts.

tion complète, la Société n'avait en effet pas de garantie pour la rentrée
de ses annuités, ainsi que l'avaient établi dans des mémoires très-judicieux
M⁰ Chambige, notaire, et M⁰ Gillotte, défenseur, tous deux conseils judiciaires de la Société; la commission avait donc compris que l'attribution
de l'azel impliquait le droit, non-seulement de choisir les colons, mais
encore de les installer en prenant toutefois, mais elle-même, les précautions résultant du titre II pour assurer la stabilité du colon et empêcher
la spéculation.

Or, cette attribution qui n'était pas un danger pour l'État, en présence
des garanties prises vis-à-vis de notre Société, nous était refusée; en effet,
M. le Préfet adressait le 11 septembre au Président de la Commission la
lettre suivante, à laquelle était joint l'extrait ci-après transcrit de la dépêche de M. le Gouverneur général, en date du 24 août :

Lettre de M. le Préfet.

Constantine, le 11 septembre 1872.

Monsieur le Président,

J'ai l'honneur de vous transmettre ci-joint extrait d'une dépêche par laquelle M. le
Gouverneur général, confirmant son télégramme du 25 juillet dernier, m'autorise à
traiter avec la Société que vous présidez, sur les bases indiquées dans la lettre de
M. de Coulanges, pour la création d'un village à Aïn-Tïnn.

La lettre de M. de Coulanges ayant été transmise en original à M. le Gouverneur
général, je vous prierai de vouloir bien m'en envoyer copie, afin de me permettre de
préparer les conditions du traité à intervenir entre la Société des ensemencements et
l'État.

Ce traité contiendra d'une part les conditions stipulées par M. de Coulanges, de
l'autre les conditions indiquées par M. le Gouverneur général, qui sont les suivantes:

1° Construction par la Société, et à ses frais, de maisons pour l'installation des colons
à qui des terres seront attribuées sur le territoire d'Aïn-Tinn, conformément aux dispositions du titre II du décret du 16 octobre 1871 ;

2° Travaux d'aménagement des eaux et construction des édifices publics prévus par
la loi du 15 septembre 1871; l'État ne prenant à sa charge que la construction des
chemins de grande communication de l'Oued-Atménia à Milah ;

3° Interdiction formelle à la Société de devenir propriétaire des lots attribués aux
colons.

Je vous adresse ci-joint un plan d'alignement et de lotissement du village d'Aïn-
Tinn, dressé par le service des Ponts et Chaussées, alors que l'établissement de ce
centre devait avoir lieu par les soins de l'administration.

3

Il vous appartient d'y apporter telles modifications que vous jugerez utiles au point de vue de l'aménagement intérieur; seulement, je crois devoir ajouter qu'en conformité des instructions de M. le Gouverneur général, les lots urbains dans les centres de nouvelle création doivent, lorsque la conformation des lieux s'y prête, avoir une contenance de vingt ares; c'est du reste celle adoptée par MM. les Ingénieurs pour le village d'Aïn-Tinn.

L'azel qui doit être attribué à ce centre est de 2,900 hectares, se subdivisant ainsi qu'il snit :

Terrains rocheux propres au parcours du petit bétail. . .	204	hectares.
Terrains de parcours pour le gros et le petit bétail. . . .	400	id.
Terres labourables de qualité médiocre.	550	id.
Terres labourables de bonne qualité	1.736	id.
Superficie des terrains plantés.	10	id.
Total égal. .	2.900	id.

Par application de la décision de M. le Gouverneur général, en date du 24 août, dont je vous transmets extrait en ce qui concerne la convention à intervenir entre la Société des Ensemencements et l'État, le village d'Aïn-Tinn, indépendamment des lots réservés pour les édifices publics et quelques industriels, comme les autres centres, doit être de cinquante feux, savoir : trente pour l'immigration alsacienne-lorraine, et vingt pour les colons algériens.

Recevez, etc.

Ponr le Préfet empêché :
Le Secrétaire général,
MANGOIN.

———

ANNEXE

Alger, le 24 août 1872.

MONSIEUR LE PRÉFET,

Par lettre. . . . .
. . . .

Je vous ai annoncé, par mon télégramme du 25 juillet dernier, que j'allais soumettre à l'examen du Conseil de gouvernement la demande formée par la Société des Ensemencements de Constantine, en vue d'obtenir l'autorisation de procéder à la création du village d'Aïn-Tinn, avec les fonds dont elle dispose.

Comme je vous l'avais fait pressentir, le Conseil, considérant que les propositions de la Société sont éminemment favorables aux intérêts de la colonisation en même temps qu'à ceux de l'État, a émis l'avis qu'il y avait lieu de les accepter.

En conséquence, je ne puis que vous autoriser à traiter sur les bases qui se trouvent indiquées dans la lettre de M. de Coulanges.

Ainsi, la Société devra s'engager, d'une part, à construire les maisons pour l'installation des colons à *qui des terres auront été concédées* sur le territoire d'Aïn-Tinn, conformément aux dispositions du titre II du décret du 16 octobre 1871; d'autre part, à aménager les eaux et à construire les édifices nécessaires aux services publics; *l'État ne prenant à sa charge que la construction du chemin de grande communication de l'Oued-Atménia à Milah.*

Il demeure d'ailleurs entendu que la Société ne pourra jamais devenir propriétaire des lots attribués aux colons.

Agréez, etc.

Le Gouverneur général civil de l'Algérie absent :

Le Directeur chargé de l'expédition des Affaires civiles et financières,

Signé : Ch. Tassin.

Pour extrait conforme :

Le Secrétaire général de la Préfecture,

MANGOIN.

Il résulte de ces deux documents que, tout en mettant à la charge de la Société une dépense importante, et qui autrement fût incombée à l'administration, celle-ci voulait conserver tous ses droits d'installer elle-même les colons, et ôtait ainsi à la Société la sécurité qu'elle avait voulu acquérir en acceptant cette même charge; en outre, après qu'il avait été question de relier Aïn-Tinn à Constantine, en achevant la route de Constantine à Milah, déjà faite en grande partie, on ne lui accordait plus que de relier Aïn-Tinn à l'Oued-Atménia, ce qui mettait ses colons dans une position beaucoup moins bonne.

Afin d'arriver à une solution, M. de Coulanges fut chargé de voir M. le Gouverneur général, qui, comme lui, se trouvait alors à Paris; car le temps pressait et pour ne pas perdre une année, il fallait être mis en mesure de commencer de suite nos constructions, pour arriver à installer nos colons de manière à ce qu'ils pussent labourer cette année.

Bien accueilli par M. le Gouverneur général et allant droit au but, M. de Coulanges lui présenta le 14 septembre dernier, les. bases ainsi conçues d'un décret qui devait être soumis à M. le Président de la République.

Projet présenté à M. le Gouverneur général le 14 septembre 1872.

1° L'azel d'Aïn-Tinn, situé près de Milah, est attribué à la *Société dite des Ensemencements de Constantine,* pour y créer un village de trente feux susceptible d'extension;

2° *Les colons choisis par la Société seront établis par elle,* conformément au titre II du décret du 16 octobre 1871 ; vingt familles au moins devront être prises parmi les immigrants alsaciens-lorrains;

3° L'allotissement des terres sera fait. par les soins de la Société et soumis à l'approbation supérieure;

4° Les maisons que la Société fera édifier pour les colons, seront cédées par elle à ces derniers au prix de revient; ce prix sera payé en quinze annuités, comprenant l'intérêt à 4 p. °/₀ et l'amortissement; la première annuité ne sera exigible qu'après la deuxième récolte, c'est-à-dire la deuxième année de jouissance; les colons auront le droit de se libérer par anticipation;

5° La Société, entièrement substituée aux droits de l'État pour la création du village dont il s'agit, pourra prendre, avec ses débiteurs, tels arrangements que les lois et la jurisprudence rendraient nécessaires pour assurer le remboursement de sa créance; mais il lui est interdit de posséder les immeubles;

Si, en cas de poursuites, l'un des immeubles lui restait faute d'acquéreurs, elle devrait, dans un délai de six mois au plus, installer un autre colon aux lieu et place du premier et dans les mêmes conditions que lui; en cas de vente, si le prix est supérieur à la créance de la Société, la différence reviendra au colon dépossédé; dans les neuf premières années, le prix ne portera ainsi que sur le droit du colon, la valeur des constructions et les améliorations apportées, la terre devant passer au nouveau possesseur dans les conditions du titre II de la loi précitée;

6° La Société fera à ses frais la canalisation nécessaire pour amener au village les eaux d'Aïn-Tinn; elle mettra gratuitement à la disposition des colons les locaux nécessaires pour la mairie, l'école, l'église et le presbytère;

7° L'État fera terminer immédiatement la route de Constantine à Milah par Aïn-Tinn;

8° Les trente feux, dès à présent fixés pour le village, devront être établis par la Société dans un délai de six mois à partir de ce jour, à défaut de quoi elle sera déchue de ses droits sur les portions de l'azel qu'elle n'aurait pas peuplées.

On remarquera de suite que, d'après ce décret, la Société, qui était substituée à l'État, prenait elle-même les précautions édictées par le titre II du décret du 16 octobre 1871, qu'elle ne pouvait devenir propriétaire des immeubles, et que les portions non peuplées par elle dans le délai fixé, et qui était fort court, faisaient de plein droit retour à l'État, qui alors, en reprenait la libre disposition.

A la lecture de ce projet, qui eut lieu en présence de M. Fournier, directeur du service de l'Algérie au ministère de l'Intérieur, M. le Gouverneur général voulut bien l'approuver en principe et en fit rayer de lui-même certaines parties qui avaient trait à l'ingérence de l'administration dans cette affaire, voulant, dit-il alors, laisser toute liberté d'action à la Société, et voir ce que pourrait faire l'initiative privée; il chargea ensuite M. Fournier et M. de Coulanges de s'entendre pour donner au projet la forme voulue.

Selon les instructions ainsi données par M. le Gouverneur général, il fut élaboré alors entre M. Fournier et M. de Coulanges, un projet de convention devant intervenir entre M. le Gouverneur général et la Société, pour être soumises ensuite à l'approbation de M. le Président de la République,

Projet de convention.

Convention entre M. le Gouverneur général civil de l'Algérie et M. Hippolyte Fustel de Coulanges, agissant au nom et comme fondé de pouvoirs d'une Société (1) qui doit se constituer, à Constantine, dans le but d'appliquer à la création de villages européens les bénéfices réalisés par la Société dite des Ensemencements,

Il a été convenu ce qui suit :

I. — L'azel d'Aïn-Tinn, situé près de Milah, d'une contenance de ...... hectares, délimité au plan ci-annexé, est attribué à la Société sus désignée pour y créer un village européen d'au moins trente feux.

II. — La Société fera édifier pour les colons des maisons qui leur seront cédées au prix de revient; ce prix sera payable en quinze annuités au moins, comprenant l'intérêt à 6 p. %₀ au maximum et l'amortissement.

La première annuité ne sera exigible qu'après la deuxième récolte, c'est-à-dire la deuxième année de jouissance.

III. — Les colons, choisis par la Société, seront installés par elle aux conditions suivantes :

(1) La Société étant déjà formée, cette phrase avait été modifiée, ainsi qu'il suit, dans la copie remise à M. le Préfet quelques jours après : « M. de Coulanges, agissant au nom et comme fondé de pouvoirs de la Société du département de Constantine pour secours aux victimes de l'invasion, et en vertu de décision de l'assemblée générale appliquant à la création de villages européens les bénéfices réalisés par la Société. »

1° Les dits colons seront tenus de résider par eux-mêmes, ou par leurs ayants-droit, sur la terre qui leur aura été cédée par la Société (1) ;

2° La contenance de chaque lot sera proportionnée aux ressources et à la composition de la famille, exclusivement européenne, du colon, sans pouvoir dépasser, toutefois, en aucun cas, cinquante hectares ;

3° Après deux années de résidence et le paiement de la première annuité du prix stipulé ci-dessus, le colon aura la faculté de céder son droit à tout autre colon européen ;

4° A l'expiration de neuf années d'occupation, dans les conditions ci-dessus spécifiées, le colon devient propriétaire définitif sous réserve des annuités dues à la Société.

Il pourra devenir propriétaire avant cette époque, mais, toutefois, après deux années de résidence, en se libérant par anticipation ;

5° Le contrat est résilié de plein droit, par le fait de l'inexécution des conditions de résidence et de non-paiement des annuités aux époques fixées. En cas de résiliation, il sera, dans le plus bref délai possible, et à la diligence de la Société, procédé à la mise en vente de l'immeuble aux enchères, si mieux n'aime, la Société, rembourser simplement les annuités déjà versées. Dans ce cas, elle reprendra possession, mais à la charge d'installer, dans les six mois au plus, un autre colon aux lieu et place du premier et dans les mêmes conditions que lui.

L'adjudication, s'il y a lieu, sera faite en la forme administrative, et ne pourra être prononcée qu'au profit d'enchérisseurs européens ; l'adjudicataire sera assujetti à toutes les obligations qui étaient imposées au colon dépossédé ;

6° Pendant trois ans, le locataire sera affranchi de tous impôts qui pourraient être établis sur la propriété immobilière.

IV. — La Société prendra à sa charge la canalisation et l'aménagement des eaux alimentaires, fontaine, lavoir et abreuvoir ; elle mettra gratuitement à la disposition des habitants les locaux nécessaires pour la mairie, l'école, le culte avec ses accessoires obligés, ainsi qu'un terrain communal de la contenance de six à huit cents hectares.

V. — L'État fera terminer immédiatement la route de Constantine à Milah par Aïn-Tinn.

VI. — Les trente feux, dès à présent fixés pour le village, devront être établis par la Société dans un délai d'un an et demi à partir de ce jour, sous peine de déchéance.

La Société ne reçoit d'ailleurs l'immeuble que pour l'affecter dans son ensemble à

(1) Depuis la rédaction de ce projet et dans son désir de montrer combien elle voulait marcher d'accord avec l'administration, la Commission avait, sur la proposition de M. le Préfet, consenti à ajouter ici la clause suivante :

Si les colons installés par la Société sont algériens, ils devront préalablement avoir été agréés par l'administration, conformément à l'arrêté du 12 juin 1872.

la destination ci-dessus indiquée, et perdrait tous droits sur les parties qui n'auraient pas reçu la dite destination à la date du 1er janvier 1881.

Fait double à . . . .

Ce projet n'était, au fond, que celui présenté à M. le Gouverneur général le 14 septembre, où il était dit en toutes lettres, que les colons choisis par la Société seraient établis par elle; et on ne peut nier que ces conventions devaient donner satisfaction à tout le monde, car, tout en permettant à la Société de prendre des garanties vis-à-vis de ses colons, elle donnait toute sécurité à l'État, puisqu'il était bien établi que la Société ne pouvait posséder, et qu'elle devait prendre toutes les précautions édictées par le titre II pour assurer la stabilité du colon.

Il n'est pas hors de propos d'ajouter ici que, dans l'intervalle, M. le Ministre de l'intérieur, ayant eu connaissance du projet et frappé du bien que notre Société pouvait faire, voulut bien recommander de nous aplanir toutes les difficultés.

Le 21 septembre, M. de Coulanges présenta donc à M. le Gouverneur général, le projet ainsi élaboré avec M. Fournier. Que s'était-il passé depuis huit jours? nous ne le rechercherons pas ici, mais alors, M. le Gouverneur général, qui avait donné, en principe, son approbation le 14 septembre, rejeta ce projet disant que nous changions nos premières conditions, que lui seul avait le droit d'installer des colons et qu'il ne voulait pas se départir de ce droit.

Quel cas faisait-on des instructions de M. le Ministre et qu'était devenue la bienveillance si marquée que M. le Gouverneur général avait témoignée d'abord à notre Société? Nous n'avons pas, nous le répétons, à le rechercher ici; c'est une question que nous pourrons reprendre plus tard, lorsqu'il y aura lieu; mais en présence des reproches peu fondés qui lui étaient faits, M. de Coulanges écrivit alors à M. le Gouverneur général la lettre suivante, voulant lui rappeler les faits qui s'étaient passés et espérant ainsi que, mieux éclairé sur le désintéressement de la Société et sur le véritable état des choses, M. le Gouverneur général voudrait bien mettre la Société à même de réaliser son programme.

Paris, le 22 septembre 1872.

Monsieur le Gouverneur général,

Hier, lorsque j'ai eu l'honneur de vous voir pour présenter à votre approbation le projet des conventions préliminaires attribuant l'azel d'Aïn-Tinn à la Société des Ensemencements de Constantine, pour y créer un village de trente feux, vous m'avez dit qu'en voulant installer elle-même les colons, la Société demandait maintenant plus qu'autrefois, et vous m'avez refusé votre approbation.

Je n'ai pas l'intention, Monsieur le Gouverneur général, de vous faire revenir sur l'idée arrêtée que vous avez d'établir vous-même les colons comme le décret du 16 octobre vous en donne le droit; mais est de mon devoir de démontrer que dans le projet d'hier, j'avais lieu de penser être resté dans les termes des conventions déjà arrêtées en principe; veuillez donc, Monsieur le Gouverneur général, me permettre de rétablir ici les faits.

D'après ma demande remise à M. le Préfet le 20 juillet dernier, la Société bâtissait les maisons; puis les terres alloties par ses soins avec le concours des agents de l'administration devaient être remises au titre II par l'administration elle-même aux colons agréés par elle, mais présentés par la Société; dans cette combinaison, la Société n'avait, il est vrai, qu'un droit de présentation des colons, mais elle n'avait aucune charge, et tous ses fonds étaient employés à la construction de maisons.

Sur des ouvertures qui nous furent faites, je remis le même jour à M. le Préfet une deuxième lettre vous offrant, Monsieur le Gouverneur général, de nous charger de la canalisation des eaux et de l'édification des bâtiments communaux, si l'entière disposition de l'azel était attribuée à la Société; l'administration perdait ainsi le droit d'installer elle-même les colons, mais par contre l'État était exonéré de dépenses que le service des Ponts et Chaussées avait évaluées à 103,000 fr.; et pour ôter toute idée de spéculation de la part de la Société, il était convenu que les parties de l'azel qu'elle n'aurait pas peuplées dans un délai fixé, retourneraient de plein droit au domaine de l'État; les colons devaient être placés dans la forme du titre II, c'est-à-dire avec obligation de résidence, interdiction de vendre leurs droits avant deux années et à d'autres qu'à des Européens pendant un certain temps.

J'ignore, M. le Gouverneur général, ce que M. le Préfet a pu vous écrire; mais le 14 août il recevait une dépêche ainsi conçue : C'est conformément à votre avis que le Conseil de gouvernement a adopté, pour la création du village d'Aïn-Tinn, la proposition faite par M. de Coulanges, vivement appuyée par vous.

Or, si je ne me trompe, M. le Préfet avait conclu à l'adoption de la proposition de nous attribuer l'entière disposition d'Aïn-Tinn, à charge par nous d'édifier les bâtiments communaux et de faire la canalisation des eaux; nous avions donc lieu de croire, d'après les termes de la dépêche ci-dessus rappelée, que c'était cette proposition qui avait été adoptée.

Je le pensais tellement, que le projet de décret que j'eus l'honneur de vous remettre le 14 du mois courant, et qui doit se trouver encore entre les mains de M. Fournier, portait que les colons choisis par la Société seraient établis par elle; il portait aussi que la Société devrait prendre un certain nombre d'Alsaciens-Lorrains, et que l'allotissement des terres, fait par ses soins, serait soumis à l'approbation supérieure. Afin de laisser plus de latitude à la Société, vous voulûtes bien, de vous-même, Monsieur le Gouverneur général, me faire rayer ce qui avait trait aux Alsaciens-Lorrains et à l'ingérence de l'administration dans l'allotissement ; enfin, vous nous chargeâtes, M. Fournier et moi, de nous entendre pour la rédaction définitive du projet.

C'est alors que fut rédigé le projet d'hier qui, comme celui du 14 septembre, laisse à la Société le droit de choisir et d'installer les colons, lui impose la charge d'établir les bâtiments communaux ainsi que la canalisation des eaux, et l'oblige à installer les colons avec les précautions édictées par le titre II pour assurer leur stabilité et empêcher la spéculation.

L'installation des colons par la Société est le seul moyen pour elle d'assurer sa créance ; c'était aussi pour elle une juste compensation des sacrifices qu'elle s'imposait, et cette latitude ne lui était laissée qu'en conservant à l'État des garanties d'exécution.

Nous étions restés ainsi dans les termes de celle des propositions du 20 juillet que nous avions lieu de penser avoir été acceptée par le Conseil de gouvernement.

J'espère, Monsieur le Gouverneur général, que la relation que je viens de vous faire des faits qui se sont passés, établira bien à vos yeux que la Société, pas plus que moi, n'a eu l'idée de revenir sur ce qui était convenu; peut-être y a-t-il eu malentendu, mais pas autre chose.

Depuis dix-huit mois, j'ai beaucoup étudié les moyens de coloniser en Algérie ; toutes mes idées se sont portées sur ce point; après avoir terminé les affaires qui m'avaient appelées ici, je n'ai pas craint de me rendre en Lorraine pour voir de près ce qui s'y passait, et ensuite de rester encore à Paris une dizaine de jours pour suivre cette affaire; la réussite de notre Société eut permis d'en former d'autres qui eussent été d'un grand secours pour la colonisation, et je ne puis que regretter, Monsieur le Gouverneur général, le peu de succès de mes démarches.

Je vais dans quelques jours rentrer à Constantine et soumettre ce résultat à l'assemblée générale de nos souscripteurs, leur laissant le soin de voir ce qu'il sera opportun de faire.

J'ai l'honneur, etc.

Le Président de la Commission,
F. DE COULANGES.

P. S. — Une seule modification était apportée dans le projet d'hier : c'était celle qui, en cas de remboursement du prix de la maison, permettait au colon de devenir propriétaire définitif après deux années toutefois de résidence; cela nous avait paru équitable, car alors le colon aurait dépensé sur sa terre plus de 6,000 fr., y compris le cheptel et les accessoires; j'aurais appelé particulièrement votre attention sur ce point, si je ne m'étais trouvé de suite arrêté par la volonté que vous avez manifesté de laisser à l'administration le droit d'installer les colons.

Après l'envoi de cette lettre, M. de Coulanges revit encore une fois M. le Gouverneur général le 23 septembre; cette nouvelle démarche fut sans résultat, et il dut rentrer à Constantine avec la pensée que ce que M. le Gouverneur général nous refusait surtout, c'était son concours.

Quelques jours après, M. le Préfet, dans la pensée d'aplanir les difficultés, nous proposa de soumettre à l'agrément de l'administration, conformément à l'arrêté du 12 juin dernier, nos colons s'ils étaient algériens; voulant prouver son désir de tout concilier en faisant toutes les concessions possibles; la Commission n'hésita pas à accepter cette condition, dont il a déjà été question dans une des notes qui précèdent et qui a fait l'objet de la lettre suivante :

Constantine, le 14 octobre 1872.

Monsieur le Préfet,

Aujourd'hui seulement j'ai pu soumettre à la Commission d'exécution de la Société de Constantine pour secours aux victimes de l'invasion, la proposition que, dans le but de trancher la difficulté pendante, vous m'avez faite, d'insérer dans les conventions relatives au village à créer sur le territoire d'Aïn-Tinn, une clause disant que si les colons installés par la Société sont algériens, ils devront avoir été préalablement agréés par l'administration, conformément à l'arrêté du 12 juin dernier.

Cette clause a été examinée avec attention.

Elle n'existe pas dans le titre II et en est une aggravation; elle a pour effet de rétablir dans notre affaire l'ingérence de l'administration que, dans une réunion du 14 septembre dernier, M. le Gouverneur général a été le premier à me faire supprimer du projet de décret alors soumis à son approbation; elle peut être dans l'application une gêne fort sérieuse, et elle est surtout contraire à la volonté exprimée par M. le Ministre qui, frappé de la nature et du but de notre Société, a dit de nous aplanir toutes les difficultés.

Quoi qu'il en soit, la Société, désireuse de prouver son bon vouloir et son désir de marcher, en tous points, d'accord avec l'administration, est disposée à accepter cette clause, si l'administration juge nécessaire de la lui imposer; par contre, il lui a paru équitable d'insérer dans les conventions que la Société pourra toujours faire profiter ses colons de tous les adoucissements déjà apportés, ou pouvant être apportés un jour, soit au titre II du décret du 16 octobre 1871, soit à l'arrêté du 12 juin dernier.

Mais il est essentiel que l'attribution de l'azel soit complète pour la Société et lui laisse le droit de choisir et installer les colons, afin qu'elle puisse obtenir de ces derniers une garantie indispensable pour assurer le recouvrement de ses avances qui, vous le savez, Monsieur le Préfet, doivent, au fur et à mesure de leur rentrée, être employées à la continuation de notre œuvre.

La Société dispose aujourd'hui d'une somme de 170,000 fr., qui pourra monter plus haut et qu'elle met entièrement à la disposition de la colonisation; mais encore lui faut-il des garanties pour que cet argent ne soit pas perdu.

Les conventions dont vous avez copie et qui ont été élaborées à Paris avec le concours de M. Fournier, directeur du service de l'Algérie au ministère de l'intérieur, donnent toutes garanties à l'État, et je ne saurais trop vous répéter, Monsieur le Préfet, que si, au lieu de nous imposer les précautions à prendre, l'État nous avait fait une simple attribution sans conditions et s'en était rapporté à une Société qui doit commander la confiance par le désintéressement qu'elle a montré, nous eussions été les premiers à prendre vis-à-vis des colons toutes les précautions nécessaires pour assurer leur stabilité et empêcher la spéculation; car la nature même de notre Société éloigne toute idée d'intérêt pour ses membres et nous avons à cœur de faire une œuvre durable et profitable au pays.

Confiant dans les bonnes intentions de M. le Gouverneur général, dans l'approbation que notre projet a reçu de M. le ministre et dans votre bon concours, nous osons espérer, Monsieur le Préfet, que M. le Gouverneur général voudra bien donner sa sanction au projet élaboré à Paris, et, aussitôt après, nous nous mettrons à l'œuvre pour rattraper un temps malheureusement perdu.

Quelle que soit la décision de M. le Gouverneur général, je vous serai reconnaissant, Monsieur le Préfet, de vouloir bien nous la faire connaître le plus tôt possible.

Veuillez agréer, etc.

Le Président de la Commission,
F. DE COULANGES.

Dans l'intervalle, nous était arrivée la lettre suivante de M. Fournier :

Versailles, le 27 septembre 1872.

MONSIEUR,

J'ai vivement regretté, vous le savez, la rupture de nos pourparlers; à mes yeux, elle ne pouvait provenir que d'un malentendu, car je suis sûr que des deux côtés, se trouvaient la sincérité et la droiture d'intentions; vous trouverez donc tout naturel que je cherche à renouer l'affaire; je crois qu'il ne serait pas impossible d'y arriver sur les bases suivantes :

Maintien du principe que la terre est une prime au peuplement et que l'administration seule l'attribue, à la condition de résidence, qu'elle se réserve le droit de faire respecter; en conséquence, bail consenti directement par le Gouverneur général dans les prévisions du titre II.

Au contraire, en ce qui concerne, non plus la propriété rurale, mais les lots urbains, attribution immédiate à la Société de la propriété des terrains où les maisons seront élevées, en sorte qu'elle puisse vendre et hypothéquer à son gré, avec toutes les garanties que comporte d'ordinaire le contrat de vente.

Clauses accessoires tendant à assurer à la Société que les preneurs de ses maisons recevront des lots de terre, et à l'administration que la Société ne fera pas payer aux acheteurs de ses maisons la terre qu'elle ne leur donne pas.

Je vous prie d'être assez bon pour m'avertir de l'accueil qui pourra être fait à ces propositions officieuses; s'il est favorable, nous arriverons bien vite à les transformer en une convention.

Agréez, etc.

Le Conseiller d'État, Directeur du Service de l'Algérie,

Fournier.

Tout en appréciant la démarche de M. Fournier et l'esprit de conciliation qui l'avait dictée, la Commission dut lui répondre, le 14 octobre 1872, que la Société ne pouvait avoir de garantie pour la rentrée de ses avances qu'autant qne le lot rural serait lié d'une manière intime au lot urbain, car la maison bâtie sur ce dernier lot n'aurait pas de valeur vénale bien réelle, si elle n'était pas attachée au lot rural, et pourrait très-bien ne pas trouver d'acquéreur si un jour, par exemple, elle était abandonnée par le colon voulant habiter au centre de sa terre; mais, dans cette même lettre, en relatant les conditions générales de nos propositions, nous disions aussi à M. Fournier que, pour prouver son intention de marcher d'accord avec l'administration, la Société consentait à faire agréer ses colons par elle, conformément à l'arrêté du 12 juin dernier.

Voulant épuiser tous les moyens d'arriver au but que se proposait la Société, celui unique d'aider à l'installation des colons, et ses deux lettres sus-énoncées du 14 octobre étant restées sans effet, la Commission jugea devoir faire une nouvelle démarche auprès de M. le Gouverneur général, lors de son retour à Alger, et lui écrivit la lettre ci-après, qui précise bien l'action et la demande de la Société.

Constantine, le 12 novembre 1872.

A Monsieur l'amiral de Gueydon, Gouverneur général civil de l'Algérie.

Monsieur le Gouverneur général,

Apprenant votre retour à Alger, je crois devoir vous entretenir encore une fois du projet de village sur l'azel d'Aïn-Tinn.

Ainsi que j'ai eu l'honneur de vous l'écrire le 20 juillet dernier et de vous le confirmer à Paris, la Société de Constantine pour secours aux victimes de l'invasion est toujours disposée à employer ses fonds à la création d'un village à Aïn-Tinn; elle prend à sa charge la canalisation des eaux et la construction des bâtiments nécessaires pour le culte, la mairie et la maison d'école, l'État conservant toutefois à sa charge l'achèvement de la route de Constantine à Milah par Aïn-Tinn.

Mais pour obtenir une garantie sérieuse des colons et comme juste compensation des charges qu'elle s'impose et dont elle exonère l'État, elle demande que l'azel lui soit attribué d'une manière complète, et qu'en conséquence elle puisse choisir et installer elle-même les colons après, si vous le jugez utile, les avoir fait agréer par l'administration, conformément à l'arrêté du 12 juin dernier, s'il s'agit de colons habitant déjà l'Algérie.

Je n'ai pas besoin, Monsieur le Gouverneur général, de vous rappeler les services que notre Société peut rendre, car vous-même m'avez fait remarquer que si elle réussit dans l'œuvre qu'elle entreprend, il se formera sans doute sur divers points, des sociétés qui, entrant dans la même voie, aideront à l'installation des colons et faciliteront ainsi le peuplement et la colonisation du pays; d'un autre côté, le désintéressement de notre Société est bien établi, car, n'ayant pas de dividendes à distribuer, elle n'a pas intérêt à posséder et elle doit, au fur et à mesure de la rentrée de ses annuités, en employer le montant à installer de nouveaux colons. Il est du reste bien entendu que la Société prendra toutes les précautions nécessaires pour, selon l'esprit du titre II, assurer la stabilité du colon et éloigner toute possibilité de spéculation; enfin les portions de l'azel qui ne seraient pas peuplées par la Société dans le délai fixé doivent, de plein droit, faire retour à l'État.

Je crois, Monsieur le Gouverneur général, que cette situation doit vous donner toute garantie, et j'ai l'honneur de vous demander si vous voulez bien nous faire attribuer l'azel d'Aïn-Tinn dans ces conditions; en cas de réponse affirmative, nous nous mettrons le plus tôt possible à l'œuvre, et tâcherons de rattraper un temps malheureusement perdu; mais quelle que soit votre décision, je vous serai obligé, M. le Gouverneur général, de vouloir bien me la faire connaître dans le plus bref délai, afin que si nous devons renoncer définitivement à Aïn-Tinn, nous puissions nous retourner d'un autre côté et traiter au besoin de l'achat d'une propriété pour y créer un village.

J'ai l'honneur, etc.

Le Président de la Commission,

F. DE COULANGES.

Le 22 du même mois, M. le Gouverneur général répondait à M. le Préfet la lettre suivante, dont notification nous fut faite le 26.

Alger, le 22 novembre 1872.

MONSIEUR LE PRÉFET,

La Société des Ensemencements de Constantine, par l'organe de M. de Coulanges, son Président, vient de me rappeler les propositions qu'elle a déjà faites à l'administration, de se charger de l'établissement du centre d'Aïn-Tinn, au moyen des fonds dont elle dispose.

Dans sa lettre, que vous trouverez ci-jointe, M. de Coulanges insiste pour que l'azel d'Aïn-Tinn soit attribué d'une manière complète à la Société, à charge par elle d'y installer des colons, qu'elle consentirait cependant à faire agréer par l'administration.

Vous remarquerez, Monsieur le Préfet, combien cette demande diffère du projet que vous m'avez transmis le 22 juillet dernier, et dans lequel la Société des Ensemencements n'intervenait que comme Société de patronage ou de crédit, en laissant à l'État la faculté d'attribuer la terre directement aux colons qu'elle présenterait.

Telles sont du moins les bases sur lesquelles j'ai toujours entendu traiter, et je ne puis en accepter d'autres aujourd'hui surtout que, par le décret du 10 octobre dernier, la Société a toutes les garanties nécessaires pour se faire rembourser de ses avances, sans qu'il soit encore besoin de lui conférer la propriété du sol.

Dans aucun cas, je ne consentirai à renouveler les tristes expériences des grandes compagnies de colonisation qui, après avoir obtenu de vastes étendues de terres à charge de peuplement, se bornent encore à les louer entre les mains des indigènes.

Au surplus, vous m'avez fait connaître, le 24 octobre dernier, qu'en présence de l'indécision de la Société des Ensemencements et de la nécessité de pourvoir immédiatement à l'installation des immigrants alsaciens et lorrains, vous aviez cru devoir placer des familles sur l'azel d'Aïn-Tinn.

Je ne puis qu'approuver l'initiative que vous avez prise dans cette circonstance, attendu qu'il sera toujours possible à la Société de réaliser son projet sur un autre azel de la zone de Milah, lorsqu'elle aura accepté les conditions de l'administration.

Peut-être, même, serait-il préférable qu'au lieu de localiser ses efforts, elle étendît sa sphère d'action à toute la province, en fondant une caisse de secours et de crédit analogue à celles qui existent dans les grands centres de l'union américaine, pour venir en aide aux émigrants dès qu'ils débarquent, et faciliter leur installation sur les terres qui leur sont attribuées.

Les avances de toute nature qui seraient ainsi consenties, seraient remboursées comme l'a proposé M. de Coulanges, en quinze annuités de 9 p. % y compris l'intérêt.

Je ne doute pas qu'en opérant sur ces bases et avec les ressources déjà importantes dont elle dispose, la Société des Ensemencements de Constantine ne contribue puissamment au développement de la colonisation dans cette province.

Aussi le concours de l'administration ne lui ferait-il pas défaut, et dans le cas où elle ne trouverait pas suffisantes, pour entrer dans cette voie, les garanties que lui donne le décret du 10 octobre dernier, j'examinerais volontiers la possibilité de lui en accorder de supplémentaires.

Je vous prie de présenter ces observations à M. de Coulanges et à ses co-intéressés, et de me transmettre sa réponse, en l'accompagnant de votre avis personnel.

Recevez, etc.

Le Gouverneur général civil,

Signé : Vice-amiral DE GUEYDON.

Pour copie conforme,

Le Préfet,

DESCLOZEAUX.

Dans cette lettre, M. le Gouverneur général nous offre son concours pour nous aider à la création d'une Société d'un autre genre ; le modeste capital dont dispose la Société ne lui permettrait pas d'entrer dans cette voie, sans parler des craintes, que devrait, dans ce cas, nous inspirer le peu d'aide que M. le Gouverneur général a donné à notre premier projet, après l'avoir dès l'abord approuvé ; quant au décret du 10 octobre, auquel M. le Gouverneur général fait allusion, il ne saurait donner de garantie à une Société sérieuse ; enfin quand, pour motiver son refus, M. le Gouverneur général dit qu'il ne veut pas renouveler l'expérience de grandes compagnies de colonisation qui, après avoir obtenu de vastes étendues de terres à charge de peuplement, se bornent encore à les louer à des indigènes, il oublie que notre Société n'ayant pas d'actionnaires à qui distribuer ses bénéfices qui, d'après l'article 1er des statuts, ne doivent appartenir à aucun des sociétaires, n'a pas intérêt à posséder et doit, au contraire, être pressée de se débarrasser des terres en y faisant au plus tôt de la colonisation.

Le 28 novembre fut donc écrite à M. le Préfet, la lettre suivante :

Constantine, le 28 novembre 1872.

MONSIEUR LE PRÉFET,

Aussitôt réception de la notification que vous avez bien voulu me faire avant-hier de la réponse que M. le Gouverneur général vous a faite, le 22 de ce mois, relativement à Aïn-Tinn, j'ai convoqué pour hier la Commission d'exécution de la Société de Constantine pour secours aux victimes de l'invasion, et j'ai l'honneur de vous informer que la Commission a décidé ne pouvoir rien changer à ses propositions résumées dans ma lettre du 12 novembre courant, qui se lient entre elles et qui sont celles que M. le Gouverneur avait, dès l'abord, acceptées, d'après sa dépêche du 14 août dernier, et qu'il avait ensuite approuvées lors de la première visite que j'eus l'honneur de lui faire à Paris le 14 septembre suivant, puisqu'alors, loin de me faire des observations sur l'attribution faite à la Société et le droit qui lui était concédé de choisir et installer les colons, il m'avait de lui-même fait rayer du projet de décret que je lui présentais certains passages ayant trait à l'ingérence de l'administration, voulant, me fit-il l'honneur de me dire, nous laisser entière liberté d'action et voir ce que ferait l'initiative privée.

Quoi qu'il en soit, la Commission considère la réponse de M. le Gouverneur comme un refus, et se voit forcée d'aviser à d'autres moyens pour donner aux fonds de la Société la destination prévue.

Il est pourtant un point que nous ne pouvons laisser sans réponse : M. le Gouverneur dit que, dans aucun cas, il ne consentira à renouveler les tristes expériences des grandes Compagnies de colonisation qui, après avoir obtenu de vastes étendues de terre, à charge de peuplement, se bornent encore à les louer entre les mains des Arabes.

Nous regrettons qu'en nous refusant son concours, M. le Gouverneur général n'ait pas mieux compris notre Société dont le passé, le but et les statuts eux-mêmes imposent la confiance; il ne nous appartient pas ni de juger ni de défendre les Compagnies auxquelles M. le Gouverneur général fait allusion, mais nos statuts établissent une différence bien marquée entre ces Sociétés et la nôtre qui, n'ayant pas d'actionnaires, n'a pas de dividendes à distribuer; elle n'a donc aucun intérêt à posséder, car elle ne saurait à qui attribuer ses bénéfices. Forts de notre bonne foi, n'ayant qu'un but, celui de faire le bien en aidant à la colonisation du pays, voulant, enfin, assurer toute garantie à l'État, nous avions été les premiers à proposer l'addition des clauses devant éloigner toute idée et toute possibilité de spéculation de notre part.

Veuillez agréer, etc.

Le Président de la Commission,

F. DE COULANGES.

Cette lettre fut la dernière échangée, car il devenait bien évident que, quelques concessions que nous fissions, nous n'obtiendrions jamais de M. le Gouverneur général le concours qui nous était nécessaire.

RÉSUMÉ

Une Société, mue par un sentiment éminemment patriotique et humanitaire, s'est formée à Constantine; d'après ses statuts, les sociétaires ne pouvaient jamais tirer aucun profit de l'opération dont les bénéfices devaient, en entier, être appliqués à une œuvre généreuse; par contre, ils devaient, en cas de pertes, supporter ces pertes au marc le franc; et il n'est pas hors de propos de rappeler ici que, lors de l'insurrection des indigènes, le capital engagé s'est trouvé fort compromis, et que si, en fin de comptes, la Société s'est trouvée avoir réalisé un certain bénéfice, elle le doit aux soins entendus et aux efforts intelligents du Conseil d'administration, auquel les sociétaires ne sauraient trop témoigner leur reconnaissance.

Pensant qu'aider à l'installation des colons, c'est faciliter l'immigration et secourir ainsi les populations éprouvées par la guerre en leur offrant les moyens de s'établir ici, même avec des ressources fort minimes, la Société a décidé de mettre à la disposition de la colonisation le bénéfice de 190,000 à 200,000 fr. sur lequel elle peut compter et qui est déjà réalisé pour la plus grande partie. Et qu'il nous soit permis de répéter ici qu'en voulant fonder un village, la Société n'avait pas seulement l'idée d'installer quelques familles; une pensée beaucoup plus élevée la guidait, elle espérait faire ainsi une œuvre utile au pays, car, si ce village avait prospéré, et rien n'aurait été négligé pour cela, il n'est douteux pour personne qu'une fois l'exemple donné, il se serait formé, sur divers points de l'Algérie, des Sociétés qui, procédant comme nous et apportant, au besoin, à notre œuvre les modifications nécessitées par l'expérience, eussent contribué puissamment à la colonisation et au peuplement du pays, en facilitant l'installation de colons qui y seraient venus d'autant plus volontiers, qu'ils auraient été sûrs, à l'avance, d'y trouver en arrivant l'aide si nécessaire dans les premiers moments d'une installation; peut-être notre Société arrivait-elle ainsi à résoudre le problème, si difficile jusqu'à ce jour, du peuplement et de la colonisation de l'Algérie.

On a vu ci-dessus que la Société se proposait de bâtir, pour les colons, des maisons qu'elle leur cédait au prix de revient et dont ces derniers devaient se libérer à long terme et par annuités, dont la première n'était exigible qu'après la deuxième récolte, de manière à leur laisser les moyens de compléter leur installation.

La Commission chargée de l'exécution de ce projet, a demandé à M. le Gouverneur général de vouloir bien attribuer à la Société l'azel d'Aïn-Tinn pour y créer un premier village; mais pour perpétuer l'œuvre, les annuités devant, au fur et à mesure de leur rentrée, être employées à l'édification d'autres maisons pour y installer de nouveaux colons, il était nécessaire que la Société put prendre des garanties vis-à-vis de ses colons, et pour cela il était indispensable que, substituée à l'État pour la création de ce village, elle put y installer elle-même les colons, et qu'en conséquence l'attribution de l'azel lui fut faite d'une manière complète.

Cette attribution ne devait inspirer aucune crainte à l'État, qui restait toujours maître de la situation; car les parties de l'azel que la Société n'aurait pas peuplées, dans le délai fixé, devaient de plein droit, faire retour au Domaine; et la Commission avait été au devant des garanties à donner à l'État pour assurer la stabilité du colon, empêcher la spéculation et bien établir qu'elle ne pouvait jamais arriver à posséder tout ou partie de l'azel; enfin, pour prouver combien elle désirait marcher, en tous points, d'accord avec l'administration, la Commission avait consenti à faire agréer ses colons par elle, conformément à l'arrêté du 12 juin dernier.

Il n'est pas inutile de rappeler aussi qu'en outre des garanties ainsi données à l'État et qui, nous le croyons, devaient lui inspirer toute sécurité, la Société, en échange de l'attribution complète qu'elle demandait, se chargeait de faire les frais de canalisation des eaux nécessaires au village et d'édification des bâtiments communaux pour le culte, la mairie et l'école; elle exonérait ainsi l'État d'une dépense importante et qu'autrement elle n'aurait pas eu de raison de prendre à sa charge.

Malgré l'adhésion qu'il nous avait donnée dès l'abord, et refusant maintenant à la Société l'attribution que nous lui demandions pour elle, et qui lui était indispensable pour mener son œuvre à bonne fin, M. le Gouverneur général ne voulut nous autoriser qu'à construire et à céder aux colons des maisons sur les lots attribués à ces derniers par l'administration elle-même.

Pour motiver son refus, M. le Gouverneur général nous dit d'abord qu'il ne se dessaisira pas du droit que la loi lui donne d'installer les colons et ensuite qu'il ne veut pas renouveler les *tristes expériences* de sociétés de colonisation qui, après avoir obtenu des terres à charge de peuplement, se bornent à les louer entre les mains des indigènes.

En protestant ici de toute notre force contre le soupçon qui se glisse dans cette dernière déclaration et que M. le Gouverneur général émet à l'égard de notre Société, nous nous bornerons à répéter que n'ayant pas d'actionnaires, et n'ayant par suite ni dividendes à distribuer ni capital à rembourser, notre Société n'a aucun intérêt à posséder, car, dans ce cas, elle ne saurait à qui attribuer ses bénéfices; tout cela étant parfaitement connu de M. le Gouverneur général, ce soupçon est donc complétement gratuit, malveillant, et n'a rien de sérieux.

Quant à la réserve que M. le Gouverneur général veut faire de son droit d'installer lui-même les colons, si c'est une simple précaution contre la spéculation, et nous aimons à n'y pas voir autre chose, elle doit tomber d'elle-même en présence des garanties données à l'État ainsi qu'on l'a vu ci-dessus, sans parler de la confiance que notre Société devait commander à tous égards; et nous ajouterons que l'on ne s'expliquerait pas que, sans obtenir une attribution complète de l'azel, la Société déchargeât l'État des frais de canalisation des eaux et d'édification des bâtiments communaux, quand, d'après ses propositions du 20 juillet, elle n'a consenti à assumer une telle charge qu'à la condition de recevoir cette même attribution; et enfin n'eut-il pas en effet paru tout au moins extraordinaire que la Société dépensât 200,000 francs pour la construction d'un village et tout ce qui concerne son installation et ensuite, qu'abandonnant son œuvre, et perdant ainsi toute garantie pour ses avances, elle laissât aux soins de l'administration la partie la plus importante et la plus difficile du problème de colonisation, c'est-à-dire celle du choix des colons et de leur installation ?

Cependant, nous devons un hommage public à M. le ministre de l'intérieur, à M. Fournier, chef du service de l'Algérie au même ministère, et à M. le Préfet de notre département. Ces hauts fonctionnaires, mieux inspirés et convaincus du bien que notre Société pouvait faire, nous honorèrent d'une bienveillance marquée, nous prêtèrent leur concours, et il n'a pas dépendu d'eux que l'affaire n'ait reçu une solution conforme à nos désirs.

Le refus de M. le Gouverneur général nous a mis dans l'impossibilité de créer le village projeté, et nous regrettons qu'il n'ait pas eu plus d'égard envers notre Société qui, sans arrière-pensée d'intérêt personnel, avait à cœur de faire une œuvre profitable au pays; et si, depuis cinq mois que notre demande est formée, M. le Gouverneur général nous avait donné de suite le concours que, vu notre but, nous étions en droit d'attendre de lui, le village d'Aïn-Tinn serait déjà bâti et habité au moins en grande partie, et nous pouvons affirmer qu'il serait établi de manière à prospérer.

Quoi qu'il en soit, la Commission ne renonce pas à mener à bonne fin le projet dont l'exécution lui a été confiée; elle portera ses justes réclamations auprès du Gouvernement et jusqu'à M. le Président de la République; elle espère que malgré le parti pris de M. le Gouverneur général, elle obtiendra une solution favorable; et si, contre son attente, le Gouvernement ne comprenait pas l'intérêt qui s'attache à notre œuvre, et les résultats heureux qui seraient la conséquence de l'initiative privée, si enfin il nous refusait la terre que nous sollicitons pour la peupler, la Société se verrait obligée d'employer une partie de son capital à l'acquisition d'un territoire.

Dans ce cas, l'action de la Société se trouverait amoindrie, il est vrai, mais son œuvre aboutirait toujours; elle doit donc conserver l'espoir de réussir et de tracer ainsi un exemple fécond pour l'avenir de l'Algérie.

Les Membres de la Commission d'exécution,

BARNOIN,	DE COULANGES,	BATTANDIER,
VILLA,	BONIFFAY,	CARBONNEL,
LAHITEAU,	LUC,	RANCOULE.

Les statuts de la Société formée en 1870, étaient ainsi conçus :

SOCIÉTÉ DU DÉPARTEMENT DE CONSTANTINE

POUR SECOURS AUX VICTIMES DE L'INVASION

Les soussignés, négociants et propriétaires de Constantine, et ceux du département qui adhèreront à la Société dont il s'agit, désirant venir en aide aux populations de la France éprouvées par la guerre, et assurés d'ailleurs du concours de la Banque de l'Algérie, de l'Administration civile et militaire et des cultivateurs du pays, concours nécessaire à l'œuvre dont il s'agit, ont formé la Société suivante :

Article premier. — Il est formé, entre les soussignés, dans un esprit purement patriotique et d'humanité, une Société civile et particulière, dont les bénéfices ne leur profiteront en aucun cas, mais sont entièrement destinés aux populations malheureuses de la France, auxquelles ils seront gratuitement remis, comme il sera expliqué plus bas.

Art. 2. — Cette Société prendra la dénomination de : *Société du département de Constantine pour secours aux victimes de l'invasion.*

Art. 3. — Elle prendra cours immédiatement, et cessera aussitôt que les opérations de l'année agricole 1870-1871 seront terminées et réalisées, et, au plus tard, le 1er mars 1872.

Art. 4. — Les opérations de la Société consisteront uniquement à livrer à des cultivateurs indigènes ou européens du département de Constantine, pour les semailles de la présente année, des céréales (blé et orge), à charge, par eux, de rendre en nature, à la récolte, quantité double de celle livrée.

Ces avances ne seront faites qu'aux individus qui seront jugés solvables par le Conseil d'administration de la Société ou par l'Administration civile et militaire du pays, par l'intermédiaire de laquelle auront lieu, autant que possible, les opérations dont il s'agit.

Ceux des Sociétaires qui le désireront, pourront, avec l'assentiment du Conseil d'administration de la Société, prendre part à ces opérations, soit comme preneurs dé céréales, soit comme cautions des preneurs.

Art. 5. — Les avances à faire par la Société ne devront pas dépasser la somme de cinq cent mille francs, compris tous frais et les intérêts de l'emprunt dont on va parler, jusqu'à l'échéance (1er mars 1872).

Le fonds social s'élèvera au chiffre qui sera déterminé par les souscriptions ci-après faites, et celles qui seront données par adhésions ultérieures, sans aucune limitation.

Il pourra être supérieur à ladite somme de cinq cent mille francs, étant destiné seulement à former un capital de garantie, pour assurer, le cas échéant, le remboursement de l'emprunt dont on va parler, comme il sera expliqué à l'art. 7.

Art. 6. — La société se procurera les fonds nécessaires aux achats des céréales à livrer, en les empruntant à la Banque de l'Algérie, et en lui souscrivant des billets à ordre à échéance trimestrielle, qui seront renouvelés successivement, jusqu'à ce qu'ils puissent être remboursés au moyen de la réalisation des opérations prévues à l'art. 4, et au plus tard, jusqu'au 1er mars 1872, terme de rigueur fixé pour le remboursement.

Cet emprunt ne pourra pas dépasser la susdite somme de cinq cent mille francs, y compris les intérêts jusqu'au 1er mars 1872.

Art. 7. — Les fonds nécessaires seront ainsi fournis par les ressources de l'emprunt.

Cet emprunt lui-même devra être remboursé au moyen de la réalisation des opérations sociales.

Les Associés n'auront donc pas à verser, quant à présent du moins, le montant de leurs souscriptions.

Ils n'auront à faire de versement qu'en cas de pertes dans les opérations sociales ou retards dans les rentrées de ces opérations, si, contre toute attente, il en survenait, seulement à concurrence du déficit en résultant, et aux époques et de la manière qui vont être déterminées.

Chacun d'eux y contribuera dans la proportion de sa souscription.

Le premier décembre mil huit cent soixante-onze, le Conseil d'administration déterminera, le cas échéant, c'est-à-dire au cas d'insuffisance des rentrées faites sur les opérations, la somme totale à verser par les sociétaires pour parfaire le remboursement de l'emprunt et la quote-part à la charge de chacun d'eux, et en opérera le recouvrement.

Chaque Associé devra verser immédiatement sa quote-part au Trésorier.

Au cas de non-paiement de la part d'un ou plusieurs Associés, les autres devront, avant le 1er février 1872, verser au Trésorier le déficit en résultant ; toujours dans la proportion résultant de la souscription de chacun.

Le tout, sauf à s'en récupérer dans la même proportion, et s'il est possible, sur les rentrées ultérieures provenant des opérations sociales ou sur les versements à exiger des Sociétaires en défaut.

Les intérêts courront de plein droit, au taux légal et sans mise en demeure, à compter du 1er février 1872, sur toute somme à verser par un associé et dont il n'aurait pas effectué le versement à cette époque.

Les associés seront solidairement responsables du paiement de l'emprunt en principal, intérêts et accessoires, mais seulement jusqu'à concurrence de leurs souscriptions respectives ; la solidarité stipulée étant ici expressément restreinte à cette limite, aucun d'eux ne pourra jamais être tenu au-delà du montant de sa souscription.

Les remboursements et bénéfices à provenir des opérations sociales étant, comme on l'a dit, affectés tout d'abord et en entier au remboursement de l'emprunt avant tous appels de fonds aux associés, appels qui n'auront lieu qu'en cas d'insuffisance ou retards dans les rentrées provenant de ces opérations.

Art. 8. — Aussitôt après réalisation de l'emprunt projeté, les fonds en provenant seront consacrés à l'achat des céréales nécessaires aux avances prévues à l'article 6.

Ces avances seront faites également dans le plus court délai possible.

Art. 9. — Après la récolte de 1871, et au fur et à mesure des rentrées, les céréales en provenant seront vendues jusqu'à concurrence du montant de l'emprunt, et le produit en sera consacré d'abord au remboursement de cet emprunt.

Le surplus des rentrées formant le bénéfice social, sera exclusivement consacré aux populations de la France appauvries par la guerre, et leur sera remis gratuitement.

Une réunion des actionnaires déterminera :

1o Si le don se fera en nature ou si les céréales seront vendues, pour le produit être remis en argent aux destinataires ;

2o A quels départements et localités se fera le don, et quel sera le mode de répartition ;

3o Par quel intermédiaire se fera la répartition et la remise.

Art. 10. — La Société sera gérée, administrée et liquidée par un Conseil d'administration composé d'un Président, d'un Vice-Président, d'un Secrétaire, d'un Trésorier et de sept Membres pris parmi les Associés ; ils seront nommés pour toute la durée de la Société et jusqu'à son entière liquidation par une réunion des Sociétaires.

En cas de décès, départ ou démission d'un ou plusieurs des onze membres du Conseil, les autres pourvoiront à son remplacement.

Leurs fonctions sont entièrement gratuites.

Les signatures collectives du Président (ou, à son défaut, du Vice-Président), du Trésorier et de l'un des autres Membres du Conseil, suffiront pour toutes opérations de la Société, notamment pour l'emprunt et la souscription des billets, prévus à l'art. 6.

Ce Conseil fera toutes les opérations de la Société, contractera l'emprunt, souscrira les billets, les renouvellera, fera les acquisitions de céréales, les remettra aux agriculteurs contre engagements, soit directement, soit par l'intermédiaire de l'Administration civile et militaire, fera les recouvrements avec le même concours, vendra les produits recouvrés, remboursera l'emprunt, remettra les bénéfices aux destinataires, en nature ou en argent, suivant qu'il aura été décidé conformément à l'art. 9; fera effectuer les versements des Sociétaires pour le remboursement de l'emprunt, au cas prévu de pertes ou retards; aux effets ci-dessus, exercera toutes poursuites et actions judiciaires en demandant et en défendant; recevra tous actes signifiés; en un mot, gèrera, administrera et liquidera complétement la Société; les pouvoirs irrévocables les plus étendus lui étant conférés par tous les Associés, en se conformant d'ailleurs aux stipulations du présent acte et sans y déroger.

Il fera précéder sa signature des mots : *pour la Société du département de Constantine pour secours aux victimes de l'invasion : les Membres du Conseil d'administration.*

Les Membres de ce Conseil n'étant que de simples mandataires non solidaires, leurs actes et leurs signatures données pour les opérations de la Société et avec cette formule, ne les engageront pas personnellement envers les tiers, sauf à eux à rendre leur compte en fin de société : ils ne seront engagés envers les tiers et notamment envers la Banque, qu'en leur qualité de Sociétaires, au même titre que les autres Associés et comme ceux-ci, dans la limite de leur souscription personnelle.

Art. 11. — Le compte de ses opérations sera rendu par le Conseil d'administration, à la réunion des Associés : elle discutera et approuvera ce compte et leur consentira décharge.

Art. 12. — Les réunions des Associés auront lieu à Constantine, après simple avis, inséré dans les journaux de la localité, huit jours au moins à l'avance.

Elles délibéreront valablement à la simple majorité des Membres présents, chaque Associé présent ou régulièrement représenté ayant droit à une voix.

Leurs décisions engageront tous les Associés, même les absents, mais seulement dans les cas prévus au présent acte, notamment aux articles 9, 10 et 11; le concours et l'assentiment unanime de tous les Sociétaires étant nécessaire s'il s'agissait de modifier en un point quelconque, le présent acte social.

Art. 13. — Pour l'exécution du présent acte, soit entre les Associés, soit vis-à-vis des tiers, les Associés domiciliés dans la commune de Constantine élisent domicile en leur demeure à Constantine.

Pour ceux qui sont domiciliés hors de la commune, domicile est, dès à présent, par eux élu à Constantine, en l'étude de Me Chambige, notaire.

Art. 14. — Un double du présent acte, et la délibération de la réunion des Associés qui nommera le Conseil d'administration, seront déposés aux minutes dudit Me Chambige.

Fait et signé en autant d'originaux que de parties, à